いまここから
始めよう NEW

伊藤守

Discover

人の最小単位は、一人ではなく、二人です。
自分について思うとき、
自分を社会から切り離して、
一人として考えるというのは、
ありそうでなさそうな話なんです。
人は物ではありませんし、機械でもないので、
一人を全体から切り離して観察しても、
自分についてなんて、わからないものです。
なぜなら、私たちは関わりの中に生きているのですから。
そして、
「人生とは関係的な出来事」なんです。

伊藤　守

CONTENTS

1

だいじょうぶ。
たいしたことないから

いろいろ問題はあるんです。
なにしろ生きているんですから。
それも一人だけで生きているわけじゃない。
だから、問題はこれからもずっと起こるでしょう。
だって、いろんな人と関わりながら生きているわけですから、
思い通りにはいきません。
誰も思い通りになんていってないんです！

理不尽な目にたくさん遭ってきた。
理不尽なやつがいま目の前にいる。
理不尽なことはこれからも起こる。
だいたい、自分が何より理不尽だ。

人と関わって、
コミュニケーションなんて
交わしたら、
必ず誤解や衝突が起こるに
決まっているんです。
それも含めて
コミュニケーションですからね。

あとは、誤解や衝突をどう扱うか。どうつき合うか。
それは天性のものではなく、練習ですね。
ピンポンとか、水泳とか、練習しますよね。
誤解や衝突とつき合うにも練習がいります。

問題が問題なのは、
何が問題なのか、
それがわからないことです。
もし、何が問題かがわかったら、
もはやそれは問題ではないのです。

いいお知らせは、
わたしたちは問題を解くのが
結構好きだということです。
だいたい、
問題がなくなったら、
本当に退屈ですよ。

問題解決の技術は、
自分で難しい問題を創り出せるようになることです。

たとえば、近くにいる厄介な人とどうつき合うか、
思い通りでない自分とどうつき合うか、
いろいろ問題は創れますよ。

これが、誰かに問題を出されちゃうと難しいんです。
だって、受け身になっちゃうからね。
受け身になったら、それそのものが問題なんだから、
問題なんて解決できるわけがない。

多くの場合、問題は、
人があなたの価値を
認めてくれないことに
あるのではなく、
あなたの
自分自身に対する評価が
低すぎるところにあります。

低く評価しちゃう癖は、
どこで
身につけちゃったんでしょうね。

問題は、どこかで、誰かに
「無力感」をもたされたことですね。
気をつけていないと、
人に無力感を与えることで、自分の権力を維持している、
そういう人がいるということです。

人の価値について、あれこれ言う人がいるけど、
そんなの誰も知らないんです。
学歴とか、名声とか、下手すると誰々の子孫だとか、
そんなの話になりません。

人の価値は、何で測るんですか？
仕事のスキルは測れますよ。
でも、仕事のスキルと人の価値は
イコールじゃないんですからね。

もともと、人には無力感なんてなかったんです。
だから、そういう謂れのない「無力感」なんて、
とっとと脱ぎ捨てることです。
どうやって？
それはあなたが選ぶのが最初なんですよ。

問題の原因をすべて、
自分自身の中に求めることは、
それをすべて、
他人や環境に求めることと
同じくらいひどい。
適当に、人のせいにして、
適当に、反省するのがいい。

自分の欠点を数えたり、
過去を悔やんだり、
少しばかりの反省をすることと
自己成長とは、
まったく関係ありませんから。
それは単なる自己憐憫であり、
自己正当化なんですから。

問題が問題なのではない。
問題は、
それへの対応が
ワンパターンだということ。

蟻だったらどう考えるだろう。
鯨だったらどう思うだろう。
カバなんか、どうかな？
蚊ならどうかな？
ダチョウはどうだ？
そういう視点もあるのです。

問題は、大事にするのが最初ですね。

いま、その問題とつき合う体力と気力がないなら、
いまはそれを脇に置いても、だいじょうぶ。
誰も責めやしないんだから。あなた以外には。

いずれにしろ、
問題解決が面白くなることが
目的ですからね。
問題を前にして、
深刻ぶるのはやめるんですね。
いい迷惑です。

人は自分に問いかけて、それに応えることで行動しています。
今日は何を着てゆこうかな。
今日は誰に会おうかな。
自分に向けた問いに応えて行動しているのです。
同時に、自分では気がついていない問いも、
自分に向けられています。

「これでいいのかな」
「だいじょうぶかな」
「どう思われただろう」
「間違っていないだろうか」
「あの人よりも劣っていないだろうか」

自分にどんな問いを投げかけているか、注意して観る。

それで、次に自分への「問い」を選び直すんです。

たとえば
「今日はどんな一日にする？」

「今日最初に会った人には何を話そうか」

「誰をランチに誘おうか」

自分がごきげんになるような問いを見つけるんです。

ごきげんなコーチは
「何かいいニュースはない？」
「今日はどんないいことがあった？」
と聞いてきます。
そう聞かれると、
いいニュース探すんですね、
それから、今日あったいいこととか。

深刻なコーチは、

「何か問題はないか？」

「君の弱みはなんだ？」

と聞いています。

こういうこと聞かれちゃうと、
問題がないといけないような気になって、
期待に応えて、問題創っちゃったりして。

そういうコーチとは距離をもつことですね。

それからね、
自分にもそういうこと問うのはほどほどにしないと。

問題のひとつやふたつ、
一〇〇や二〇〇はもったまま、
散歩もできるし、ご飯も食べられる。
笑うこともできるし、
楽しむこともできる。
失恋することもできる。

一〇年か一〇〇年もすれば、
何でも、たいてい、
どうでもいいことになります。
だから、いますぐ、
一〇〇年経ったところに行けばいい。
意識を移動させればいい。

小さなことに
くよくよしていい。

誰かに十万円貸したら、後で返してと言えます。
それが百円だと言えないんです。
それでもずっと気になっているんですよ。
その人の顔を見るたびに、
百円のこと思い出すんです。
小さいこと気にしているんだけど、
そういう人だと思われたくないから、
悶々としているんです。
思えば、そういうことばっかり。

メールには返事を書きましょう。
借りた小銭は返しましょう。
まだやっていない約束は実行しましょう。
守れそうもない約束は、いま断りましょう。
謝ったほうがいい人には、謝りましょう。
部屋の掃除はしてしまいましょう
読みかけの本は読んでしまいましょう。

まあ、それをやったからといって、
いい人になれるわけじゃないけれど、
未完了を完了させると、
エネルギーは上りますよ。

つらいことや
ショックなことがあったら、
揺れて揺らぐものです。
だいじょうぶな振りをする
くらいだったら、
多少取り乱してしまう
くらいがいい。

だいじょうぶ。
たいていのことは、
放っておけばいい
ことなんですから。

放っておけばいいようなことを
放っておけなくて、
苦しんでいるだけの
ことなんですから。

少なくとも、
もっと深刻な悩みが出てきたら、
いまの悩みなんて、
どうでもいいことになるからだいじょうぶ。

いずれにしても、
選ぶのは、
あなたで、
そして、わたしです。

だいじょうぶ。
たいしたことないから。
だいじょうぶ。
なんとかなるから。

だから、
いまここから、
始めよう。

2

自分も変えない。

相手も変えない。

でも、

関わりは変えられる。

コミュニケーションは、
自分の思ったことを相手に伝える手段ではありません。
そう思われていた時代もあるけれど。

「何度言ったらわかるんだ」
「あれほど言ったのに」
コミュニケーションとは、
相手の耳にジョウロを差し込んで、そこに情報を流し込み、
自分の考えを伝えることだと思っている人がいるけれど。

残念でした。
人は、話を聞きながら、
自分なりの解釈や意味づけをしていて、
それを聞いているんです。
自分なりの解釈をし、意味づけをして、
それは自分にとってどんないいことがあるんだろうかと、
自分に問いかけているんです。

なんと、意味や解釈は人の数だけあります。
あなたの言ったことなんて、伝わらないんです。
あなたと同じで、
聞きたいように、聞いて、
見たいように見ているということです。

コミュニケーションを交わすことが
コミュニケーションの目的です。
コミュニケーションは
手段ではないのです。

人が自由でいるということは、
相手の言葉や振る舞いに、
すぐ反応してしまうことではなく、
そこに「間」を持ち、
次にどうするかについて、
選択する時間を自分に与えるということです。
そういうとき、自由で、幸せを感じます。

コミュニケーションの主体は、
話している側にあると
思われていますが、
コミュニケーションの主体は
聞き手の側にあります。

たとえ何を言ったとしても、
相手が受け取らなければ、
それまでなんですから。

それとね、
相手が受け取ったことが、
あなたの伝えたことなんです。

コミュニケーションを交わしたら、
当然そこには誤解と衝突が起こります。
それが嫌だから、「まあ、まあ」をやるわけですが、
それだと、イノベーションは起こらない。
新しい意味も解釈も生まれない。

問題は、誤解や衝突とのつき合い方を知らないことです。
誰も教えてくれていないし、
いい大人も避けて通っていますからね。
誤解や衝突とのつき合い方は、
練習して自分のものにするしかないんです。
練習していないだけです。

意見がぶつかって、スパークして、
そうしたらそこに、
新しい何かが生まれる。
レボリューションとか、
イノベーションとか、
新しい現実とか。

スパークする。
スパークしてもだいじょうぶ。

プライドやエゴをぶつけ合うんじゃないんですよ。
それはスパークじゃなくて、
泥仕合。
思いのたけをスパークさせる、
そこで違いを、　クッキリハッキリさせる。

違いを知るのは、
面白さの始まりだから。

なぜ、いつも言い返さなければならないのか？
なぜ、いつも相手を納得させなければならないのか？
なぜ、無作法な店員に、
そんなに腹を立てなければならないのか？

多くの人が、コミュニケーションの場を通じて、
自分の価値を相手に認めさせ、
それによって自分の価値を実感しようとしています。
それは、スパーク以前の問題です。

相手よりも自分のほうが上だと認めさせる、
嫌われないようにする、
友だちとしてふさわしい人だと思わせる、
そういうところで、労力を使っているけれど、
頑張っている割に、報われないものです。

コミュニケーションは、
勝ち負けの
ゲームではない。

あなたには、ノーと言う権利がある。
相手にも、ノーと言う権利がある。
ただし、ノーと言うことは、
相手を拒絶することではない。
だから、ノーと言うことも、
ノーと言われることも、
練習して慣れてください。

受け入れるということを
相手の言う通りになることだと思っているから、
なかなか受け入れられない。
受け入れるということは、
相手がそう思っているんだということを、
ほんとうに心の底から丸ごと受け入れること。

ただし、自分もそう思わなければならないわけではない。
その人の好きなアイドルは、
その人の好きなアイドルで、
あなたの好きなアイドルは、
あなたの好きなアイドルで、
当然あるわけです。

ただ、その人はそのアイドルが好きなんです。
理由なんてどうでもいいです。
だって、そう思っているんだから。

相手がどう思うかは、
相手の自由。
わたしがどう思うかは、
わたしの自由。
誰も、
あなたの期待に添うために
生まれてきてはいない。

大切なのは、
あなたがその人と、
どういう関係を
創ろうとしているのか
にあります。

あなたがあなたの正しさを主張することをやめるだけでも、
あなたがかかえている問題のいくつかは、
解決することができるでしょう。
なぜなら、どんなにあなたが正しくても、
相手もまた、あなたと同じように、正しいからです。

「人からどう思われるだろう」と心配するけれど、
他の人も「自分はどう思われているだろう？」
なんて気にしてるんだから、
申し訳ないけど、
あなたのことはそんなに気にしていないと思います。

あのですね、そもそも、自分のこと知らない人は、
人とコミュニケーション交わすの、難しいですよ。
いくら、相手のことを知ったって、
自分のこと知らないと、
相手との違いがわからないから、
コミュニケーションは成り立ちません。

コミュニケーションは、
違いがあることが前提ですから。

自分が思っている自分と、
他の人が思っている自分との差が大きすぎるのを、
自己認識が低いと言います。
自己認識が低いと、コミュニケーションになりませんね。
頑固、威張ってる、頭固い、偉そう……
いろいろな名称がついていますが、
要するに、自己認識が低いということですね。

ショックが問題なのでは
ありません。
問題なのは、
まだ起こってもいない
ショックに備えて、
良くない結果を想像して、
勝手に疲れていくこと。

人に対して怯えをもちたくないなら、
仕返ししないと決めることです。

あなたが嫌だと思う人やこと、
それは神様からの贈り物。

嫌いな人というのは、
たいてい、あなたのある部分の「投影」だからです。
あなたを苦しめているのは、人との葛藤だけじゃなくて、
自分にはそういうものがあってはいけない、
という考え方です。

嫌いな人というのは、常にいます。
気に入らない人は、いつもいます。
あいつさえいなければ！　という人がいなくなると、
今度は、それまで気にならなかった人のことが、
鼻につき始めるからです。

その人は、あなたが悪いから怒っているのではありません。
ずっと怒っているから、怒るんです。
自分は大切にされてこなかった、だから怒って当然だ、
と思っているから、怒るんです。
恐れやおびえを感じたときに、
怒ると決めているから怒るんです。
昨日今日のことじゃありません。
ですから、
あなたを攻撃する人は、あなたに理解されたいのでしょう。

うんざりする人には、近づかなければいいのです。
何も自分から近づいていかなくても。
人が薔薇をくれたら、綺麗な花だけ見ていればいいんです。
わざわざ棘を触って見なくても。
嫌いな人、いまのあなたには手に負えない人とは、
距離を置いていることです。
無視するのではありません。にこやかに距離を置くのです。
技術を身につけるまでは。

いくらやっても
わかってもらえないって？
いくら言っても
伝わらないって？
いくら思っていたって
通じないって？
そんなの、当たり前。

たぶん、その人には、
いろいろな事情があるのでしょう。
表面に表れている態度だけでは
判断できないいろいろな事情が。
たぶん、あなたとよく似た、
いろいろな事情が。

コミュニケーションが
どんなにひどい状況になっていたとしても、
それが続いているのなら、
相手はあなたと、
コミュニケーションを続ける意思はもっているわけです。
どんなにひどい言葉しか出てこないのだとしても、
相手は、あなたに何かを伝えようとはしているわけです。

コミュニケーションが交わされている間、
わたしたちは生きているのです。
生きているということは、
コミュニケーションが交わされている
ということです。

それから、忘れないでください。
コミュニケーションは一方通行じゃなくて、
双方向なんです。
自分も話す、相手も話す。
自分も聞く、相手も聞く。
キャッチボールみたいに。
それを、コミュニケーションの最初に
イメージするんです。

コミュニケーションを交わして、
「今日はいい話を聞かせてもらいました」
なんて言われると、
ちょっといい気にはなりますが、
後で少し落ち込みます。
いつか、「今日は話を聞いてもらってよかったです」
そう言ってもらえるのが、 いまの目標です。

聞きなさい。
ほんとうに聞きなさい。
ただ、鼓膜を振動させるだけでなく。
最後まで聞きなさい。
そして、
もっと話させなさい。

たずねなさい。
知らないことがあったら、
教えてください、と言いなさい。
それから、
相手に自分のことを
訊きなさい。
そして、
口を挟まず最後まで
聞き切ることです。

時には、馬鹿にされることもある。
時には、非常識なやつだと思われる。
時には、変なやつだと思われる。

しかし、思えば、
嫌われるという選択もあります。
呆れられるという選択もあります。
結構、人生楽だったりしてね。

意見が違ったままでいい。
結論なんて出なくていい。
意味のある話なんてしなくていい。
理屈に合わないことを言ってもいい。
感情的になってしまったっていい。
話が途切れてもいい。
そもそも、コミュニケーションは
そういうものですから。

納得できないことだって、
受け入れられる。

たとえ、あなたが、
これまで生きてきた数十年間分の
コミュニケーションの痛みを
かかえていたとしても、
わずか数分の
新しい人とのコミュニケーションが、
それを氷解させてしまうことは
たしかにあります。
ですから、
過去にだけ答えを求める必要はないのです。

あなたのいまの
コミュニケーションが、
あなたの未来はもちろん、
過去をも変えてくれる
かもしれない。
コミュニケーションには、
それだけの力がある。

自分も変えない。
相手も変えない。
でも、
関わりは変えられる。

3

幸福になりたかったら……

幸せになる方法は、
あんまり知らない。
幸せでいるのに、
理由はないから。

不幸になる理由は、
すべての人から
好かれようとするから。
または、
自分だけ幸せに
なろうとするから。

変わりたいって言うけれど、
いまを捨ててまで変わりたくはない。
それが、どんなにひどい「いま」であっても。
だって、下手に変えて、
もっとひどい「いま」になるかも
しれないからね。

危ない橋は
渡らないほうがいいに決まっています。
でも、そこに立ち止まっているのが
安全というわけでもない。

言っても危ないし、言わなくても危ない。
やっても危ないし、やらなくても危ない。
それでどうするかって？
それは知りません。

やりたいことがあるわけではない。
ただ、やりたくないことを極力やらないですむように
頑張っているだけ。

なりたいものがあるわけではない。
ただ、こうはなりたくない、ああはなりたくない、
というものがあるだけ。

やりたいことはやっている、
やらなかったことは、やりたくなかったこと。

いま、あなたが手にしているもの、
それが、あなたのほしかったもの。
「そんなの嘘だ！」と言うとしたら、
それも、あなたのほしかったもの。

「わたしが決めたことではないんだから」は、
通用しない。

過去に正しかった答えが
いまも正しいとは限らない。
過去に間違っていた答えが、
いまも間違っているとは限らない。

ずっと正しくしてさえいれば、
愛されると思っている。
条件が揃ったら幸福になると
思い込んでいる。
それは、ある意味、正しい。
ただ、そんな条件、
永久に揃わないだけです。

誰でも、幸福の経験をもっています。
でも、いつしか、
それが自分の内側にあったことを忘れ、
幸福になるための条件を
揃えることに奔走してしまう。
そして、幸福の条件を揃えることに
夢中になっているうちに、
いま、幸福でいることを忘れてしまう。

人は、考えたり、思ったり、
欲したり、感じたり、行動したりします。
そして、
幸福は、感じることと行動に
関係しています。
感じることよりも、
考えたり、欲したりすることが
優先し続けると、
幸せも遠のくかもしれません。

幸福は、たしかに
私たちの内側にあるものなのですが、
それはやっぱり、
関わりによって感じられるものです。
まあ、いつだって関わっているんですけどね。
その感じを忘れちゃうんですね。

幸せになろうと
努力するより、
幸せな人のそばに行く。
幸せはうつるからね。

幸せは周りの人に伝染する、
そういう意味では、
自分の幸せじゃなくて、周りの人を幸せにする。
自分の周りが幸せなら、
自動的に自分も幸せになるわけですからね。
自分が幸せになる努力より、
他の人を幸せにしたほうが、効率いいかもね。

他人の幸せを喜べるようになると、
人生、ほんとうに楽になります。
幸せになります。
だいたい、自分の背中を自分の手でかくのはたいへんだけど、
他の人の背中をかいてあげるのは簡単ですからね。

だいじょうぶ。
あなたもいつか、
人の幸福を
自分のことのように
喜べるようになるから。
そうなると、人生簡単になりますよ。
いつかは知らないけど。

生きていると、
いろんなことがありますが、
時間が経ってみれば、
ほとんどは人生のスパイスみたいなもので、
幸福とはこういうものと
定義しているにもかかわらず、
まったく予定外のことが起こってしまう、
そういうときが幸福だったりします。

あなたが「幸福だなあ」と
感じること、
それが、きっと
幸福なんですね。
幸福の定義なんて
知らないし、
測りようもない。

幸せであることと
それを感じられることは別ものです。
どんなに幸せだって、
それを感じられないんだったら、
幸せじゃないことになります。

いろんなことが感じられるとしたら、
ほんの小さな幸せも
感じられるかもしれません。
でも、微細なことを
感じられないんだったら、
幸せは、あっても、ないのです。

嬉しいときに喜べて、
悲しいときに泣くことができれば、
それで幸せ。
明日やることがあるのは幸せです。
そういう日がずっと続けば、
ずっと幸せ。

いい人であるとか、有能な人であるとか、
役割を演じてもいい。
役割に振り回されてしまうのは、不幸ですが、
どんな役割でも、
喜んで演じているなら、幸せです。

ふつうでいることです。
有名になったり、偉くなったり、
目立ったりしたら、
たいへんです。
幸福は、ふつうの、
無名の人のためのものです。

4

あなたは
あなたが思っているより
素晴らしい

犬になるための練習をする猫はいない。
猫になりたがる犬もいない。
人間だけが
自分以外のものになろうとする。

あなたがあなたであることの
素晴らしさを知らずに、
ほかのものになろうとしたり、
自分をよく見せる努力を続けると、
自分を見失う。

賢い振りをするから疲れる。
平気な振りをしているうちに、自分を見失う。
完全になったから、
人に認められるわけではない。
完全になったから、
愛されるわけではない。
誰かがあなたを好きなのは、
あなたが優れているからじゃ
ないんですけれどね。

いつも明るく、健気で、親切で、
物わかりがよくて、優しい、
そんな「いい人」を
演じているあなたには、
周りの人は思ったことも言えません。

「あの人はこういう人」だけの人だろうか？
「自分はこういう人」だけの人だろうか？
世界はあなたが見ているだけのものだろうか？

この世は、あなたが見る通りのものです。
ただ、あなたは、
この世界をそのままに見ているわけではなくて、
あなたの見たいように見ているわけですが。

雨が降るから不幸なのではない。
失恋したから不幸なのではない。
事実はあなたを傷つけない。
事実に対するあなたの評価だけが
あなたを傷つける。

宇宙から地球を見た宇宙飛行士は、
「国境線がない」「ひとつの生き物のようだ」と言う。
あなたが、宇宙から自分を見たら、
いまの自分を少しでも離れてみることができたら、
顔がいい悪い、スタイルがいい悪い、頭がいい悪い、
性格がいい悪い、運がいい悪いなんていう区別なく、
自分が全体として存在していることに気づくかもしれない。

あなたがいま、
こうしてここに存在する。
これ以上の奇蹟があるだろうか？

あなたは思った「それ」になる。
わたしたちは、より深く思ったことから順に、
実現していく。
だから、どうせ思うなら、
マシなことを思ったら？
なりたい「それ」を思うのは、どうよ？

天に星が輝いていても、
あなたが見上げなければ、
ないに等しい。
あなたが自分自身に
目を向けなければ、
あなたの価値もないに等しい。

人を受け入れるのは難しい。
自分の素晴らしさを受け入れるのは、
もっと難しい。

いま、あなたの経験していること、
過去に経験してきたこと、
いまのあなたのすべての境遇、
その頭、その顔、その親……
あなたに関わるすべてを、もう一度、完全に選び直す。
「そうだ」といって受け入れる。

あなたは、特別な存在です。
でも、誰かより、特に特別、
というわけではない。

あなたにとっては、
ほかの人はみな脇役でしょうが、
ほかの人にとっては、あなたが脇役。

わたしが主役。
あなたも主役。
みんな、主役。
この世界には主役しかいないんです。

5

ごきげんに
生きる

日々ごきげんで暮らしている人の前では、
業績とか財産とか知識とか、
これまで自分がすがってきたものが、
ほんとうに色褪せて感じられるものです。

ごきげんな人は、
いつも面白いことを探している。
そっちに向けてキョロキョロしているわけです。
それに、
ごきげんな人の頭の中では、
いつもごきげんなＢＧＭが鳴っている。

人を褒めるのは、
その人がいいことをしたからだと
信じているかもしれませんが、
こっちのきげんが悪ければ、
どんなに素晴らしいことをしたって、褒めたりしない。
逆に、こっちのきげんがよければ、
なんだって褒められる。
だから、周りの人への貢献として、
今日もごきげんでいようと思うわけです。

あなたがきげんよくいたら、
それが、
あなたがあなたの周りの人にできる
最大の貢献。

楽しいことに理由なんてない。
悲しいことに理由なんてない。
ごきげんでいるのに理由なんてない。

空飛ぶピンクのインド象。
銀座四丁目を鯨が散歩する。
なぜ?　と聞くな、なぜ?　と。
説明なんかしている暇ないんだから。

生きていることに理由なんてない。
生きていることが目的なんだから。

いつもごきげんでいたら、
馬鹿にされるんじゃないかって？
そういうこともあるかもしれない。
でも、不きげんでいるよりずっといい。

自分だけごきげんでいたら、
いつかしっぺ返しを
くらうんじゃないかって？
そういうこともあるかもしれない。
そしたら、そのとき考えよう。

こころおきなく気がねなく、
あと先考えないで、
自分をきげんよくしておく。
そういう技がいりますね。

ごきげんな人は、いつでも、
いま目の前にあることを
楽しむ準備ができている。
だから、きげんがいい。

不きげんな人は、いつも、
いまここにない
楽しいことを探している。
だから、きげん悪い。

風邪や麻疹や運がうつるように、
ごきげんだって伝染します。
ごきげんになりたかったら、
ごきげんな人のそばに行きなさい。

楽しいことなんて探していたら
間に合わない。
楽しめる能力がほしいんだ。

「正しい楽しさ」にこだわらなければ、
何でも楽しめる。
「上か下か」にこだわらなければ、
誰とでも楽しめる。
「勝ちか負けか」にこだわらなければ、
いつでも楽しめる。

うまくいっている人は、
うまくいくパターンを使っている。
うまくいっていない人は、
うまくいかないパターンを使っている。

うまくいっている人は、
うまくいかなくなったら、すぐやり方を変える。
うまくいっていない人は、
うまくいってなくても、なんとか頑張る。

確かに楽しめない理由は無限にある。
だから？
我慢がたまると、
不きげんになるよ。

どんなにごきげんな人だって、
よくやっているね、役に立っているよ、
それでいいんだよ、
と誰かに言ってもらいたくなるときがある。

どんなにごきげんな人だって、
弱音をはいたり、
誰かを責めたりしたくなるときがある。

誰だって、痛いのとか、苦しいのとか、
やっぱりいやなんです。
ただ、ごきげんな人は、
そこに長く滞在しないだけです。

自分が受けた影響ばかり
考えているけれど、
自分が与えた影響については？

外からの刺激に対しては、いくつもの選択肢があります。
思い通りじゃないからといって、
憤ったり、嘆いたり、落ち込んだり、斜に構えるだけなんて、
どうかしてる。

選択肢を広げるんです。
一〇〇人ぐらいの人に「あなたならどう思いますか？」
と聞いてみる。
一〇人ぐらいの話を聞いたところで、
心の軽さを感じるのが常です。

一〇〇年経ったところから、いまを見る。
相手の親の視点から、相手を見る。
相手が小学生だった頃のことを想像してみる。
高度一万メートルのところから、いまを見る。

意識は自由です。
意識の自由を体験するのは、とても簡単です。
根も葉もないことを想像するのです。
すでにできあがったものに目を奪われないで、
脈絡のないことを漠然と想像するのです。
すると、意識の自由が感じられるでしょ？

相手を変えない。自分も変えない。
視点を変える。
そこから始める。

煮詰まった。
嫌われた。
限界だ。
もうだめだ。

人生、そういうところから始めるんです。
そこから、人と関わるんです。

断られた？
否定された？
非難された？
無視された？

当然、
そこから始める。

いま、不快なんですって?
ああ、そうですか。
では、そこから始める。

後悔しているんですって?
ああ、そうですか。
そこから始める。

箸にも棒にもかからない?
そこから始める。

自分はちょっとはマシなんじゃないかと
期待してみたけど、
やっぱりろくなもんじゃないって？
そこから始める。

何を始めるのかって？
そりゃ、コミュニケーション交わすんです。
人と関わるんです。
たまには籠ってもいいけれど。

もう少し経験を積んだら。
もう少し理解が深まったら。
もう少し財産ができたら。

もっとこころが安定したら。
もっと自分のことが好きになれたら。
もっと人のことが許せるようになったら。

だから
全部すでにもっていることにして、
すべてあるというところに立って、
そして、始めるのです。

気分が乗ってからじゃ、間に合わない。
深刻になりそうになったら、
腰を振る。
できるだけ人の大勢いるところで、
電車の中とか、銀座4丁目あたりはお勧めで。

気分は、行動の結果生じるものであって、
気分が行動を引き起こすのではない。

だいじょうぶ。
いいことは長く続く。
よくないことは
すぐ終わるから。

人生は、もう始まっている。
だから、やる、やらない、はない。
あるのは、
いやいややるか、
楽しくやるか、
とことん楽しんでやるか。

理由なんかない。
気がついたら、生まれてきていたんだから、
あとはただ、
この人生をこよなく愛するだけ。
やがて、時が来れば終わります、
私たちの人生は。

いろいろあったけれど、
いまでもいろいろあるけれど、
これからもいろいろ
あるだろうけれど、
だいじょうぶ、
いま、ここから始められる。

いまが最悪のときだとしても、
いま、ここから始められる。

きみが死んでも世界は変わらない。
でも、きみが生きていれば、
世界はきっと変わっていく。

本書は、1993年から数年間、著者が著してきたいくつかの本の中から厳選のうえ、新たに著者による大幅加筆を加え、再編したものです。

おもに、若い世代に向けての、いわば人生のエールですが、そこにある基本的なフィロソフィーは、後に著者が確立した、日本随一のコーチングファーム「コーチエィ」におけるコーチングのそれと変わりません。

すなわち、「関わりの可能性を拓く」ということ。関わりのなかで、わたしたちは生き、生み出していく。まさに、人生とは関わりそのものだということです。

そのことは、決して古びることのない人間社会の真実であると思いますが、この二、三年で急速に現実味を増してきたAI時代にあって、一人ひとりの関わりの可能性を拓くことの重要性、人生の喜びとの関連性が、いっそう増してきているのを実感しています。
本書が、あなたとの関わりのなかで、わたしも、あなたも想像していなかったような小さな奇蹟を生み出すかも！　なんて秘かに期待しつつ……

編集部

本書のもとになった本

『今日を楽しむための100の言葉』
『ご機嫌の法則100』
『コミュニケーション100の法則』
『だいじょうぶ、たいしたことないから』
『いまここから始めよう』
『HAPPYの法則』

いまここから始めよう NEW

発行日　2018年　4月15日　第1刷

Author　伊藤守

Publication　株式会社ディスカヴァー・トゥエンティワン
〒102-0093　東京都千代田区平河町2-16-1 平河町森タワー 11F
TEL　03-3237-8321(代表)　FAX　03-3237-8323　http://www.d21.co.jp

Publisher　干場弓子
Editor　干場弓子　松石悠（ブックデザイン）

Marketing Group Staff　小田孝文　井筒浩　千葉潤子　飯田智樹　佐藤昌幸　谷口奈緒美　古矢薫　蛯原昇　安永智洋　鍋田匠伴　榊原僚　佐竹祐哉　廣内悠理　梅本翔太　田中姫菜　橋本莉奈　川島理　庄司知世　谷中卓　小木曽礼丈　越野志絵良　佐々木玲奈　高橋雛乃

Productive Group Staff　千葉正幸　原典宏　林秀樹　三谷祐一　大山聡子　大竹朝子　堀部直人　林拓馬　塔下太朗　木下智尋　渡辺基志

E-Business Group Staff　松原史与志　中澤泰宏　西川なつか　伊東佑真　牧野類　倉田華

Global & Public Relations Group Staff　郭迪　田中亜紀　杉田彰子　奥田千晶　李瑋玲　連苑如

Operations & Accounting Group Staff　山中麻吏　小関勝則　小田木もも　池田望　福永友紀

Assistant Staff　俵敬子　町田加奈子　丸山香織　小林里美　井澤徳子　藤井多穂子　藤井かおり　葛目美枝子　伊藤香　常徳すみ　鈴木洋子　内山典子　石橋佐知子　伊藤由美　小川弘代　畑野衣見　森祐斗

Printing　大日本印刷株式会社

ISBN978-4-7993-2261-1